Facklitteraturtitlar av Janvier T. Chando
IKONER OCH SKURKAR: De Senaste Politiska Morden...
FALLNA HJÄLTAR: Afrikanska Ledare vars Lönnmord...
UKRAINA: Dragkampen mellan Ryssland och Västvärlden
Kamerun: Afrikas Hemsökta Hjärta

Skönlitterära Titlar av Janvier Chando
Inkräktare: och Andra Berättelser
Trippelagent, Dubbelkors
Lärjungarna av Förmögenhet
Union Muzhik
Solens Blixt
Förmögenhet Samtal
Förmögenhet Mästare
Flickan på Spåret
Förmögenhetens Barn
Norilsk Björnarna
Jag Före Dem
Mormödrar: Och Perfekt Kärlek
Eld- och Is Legenden
Den sötaste Galenskapen
Hungern Avfyrar
Eldens Nyanser
Far och Söner
Ödesdigra Slipsar
Hades Dom
Hans Majestäts Rättegång
Ngokos Dårskap
Inkräktare
Hemgiften
Jag är Hatad
Oaf

Kommande Titlar av Janvier Chando
Hem Drifters
De Dödliga Vännerna
Den Vita Höken
Norilsk Björnarna

DÖDSFALLET SOM STRYPTE AFRIKAS HJÄRTA:

Det Avhumaniserande Mordet på Patrice Lumumba av Kongo och Urspårningen av den Tidigare Belgiska Kolonin

Janvier T. Chando

TISI BOOKS

NEW YORK, RALEIGH, LONDON, AMSTERDAM

DÖDSFALLET SOM STRYPTE AFRIKAS HJÄRTA: Det Avhumaniserande Mordet på Patrice Lumumba av Kongo och Urspårningen av den Tidigare Belgiska Kolonin

Upphovsrätt © 2021 av Janvier T. Chando

Alla Rättigheter Reserverade

Ingen del av den här boken får reproduceras i någon form genom kopiering eller på elektronisk eller mekanisk väg, inklusive informationslagrings- eller hämtningssystem, utan skriftligt tillstånd från både upphovsrättsinnehavaren och utgivaren av denna bok.

ISBN-13: 979-8-74-182716-1
ISBN-10: 8-74-182716-3

UTGIVEN AV TISI BOOKS
www.tisibooks.com

NEW YORK, RALEIGH, LONDON, AMSTERDAM

Tryckt i Amerikas Förenta Stater

Bekräftelse

Särskilda uppskattningsord till moster Anna Mapajane Chitja för att introducera mig till Lumumba-arvet.

TILLÄGNAN

Boken är tillägnad alla ikoniska och legendariska ledare vars syfte var att tjäna mänskligheten och främja mänsklighetens välbefinnande, särskilt de som blev avbrutna i sina historiska uppdrag av de onda krafterna i denna värld.

DÖDSFALLET SOM STRYPTE AFRIKAS HJÄRTA:

Det Avhumaniserande Mordet på Patrice Lumumba av Kongo och Urspårningen av den Tidigare Belgiska Kolonin

Citat av Patrice Lumumba

"Kolonialisterna bryr sig ingenting om Afrika för hennes egen skull. De lockas av afrikanska rikedomar och deras handlingar styrs av önskan att bevara sina intressen i Afrika mot det afrikanska folkets önskemål. För kolonialisterna är alla medel bra om de hjälper dem att besitta dessa rikedomar."

"Dagen kommer när historien kommer att tala. Men det kommer inte att vara historien som kommer att undervisas i Bryssel, Paris, Washington eller FN ... Afrika kommer att skriva sin egen historia och i både norr och söder kommer det att vara en historia av ära och värdighet. "

"Politiskt oberoende har ingen mening om det inte åtföljs av snabb ekonomisk och social utveckling."

"Utan värdighet finns det ingen frihet, utan rättvisa, det finns ingen värdighet, och utan oberoende finns inga fria män."

"Ett minimum av komfort är nödvändigt för att utöva dygd."

"Det enda vi ville ha för vårt land är rätten till ett värdigt liv, till värdighet utan förevändning, till oberoende utan begränsningar. Detta var aldrig de belgiska kolonialisternas och deras västerländska allierades önskan... ”

"Dessa splittringar, som kolonimakterna alltid har utnyttjat mycket för att dominera oss, har spelat en viktig roll - och spelar fortfarande den rollen - i Afrikas självmord."

"Vi vet att Afrika varken är franskt, brittiskt, amerikanskt eller ryskt, att det är afrikanskt. Vi känner till västvärldens objekt. Igår delade de oss på nivån av en stam, klan och by... De vill skapa antagonistiska block, satelliter..."

"Ingen är perfekt i denna ofullkomliga värld."

”Afrikansk enhet och solidaritet är inte längre drömmar. De måste uttryckas i beslut.”

”Befrielsen av det afrikanska folkets sinnen kommer att bli en hårdare kamp än att utrota regimernas kolonialist.”

Innehållet

Kartor

Kongo på en världskarta

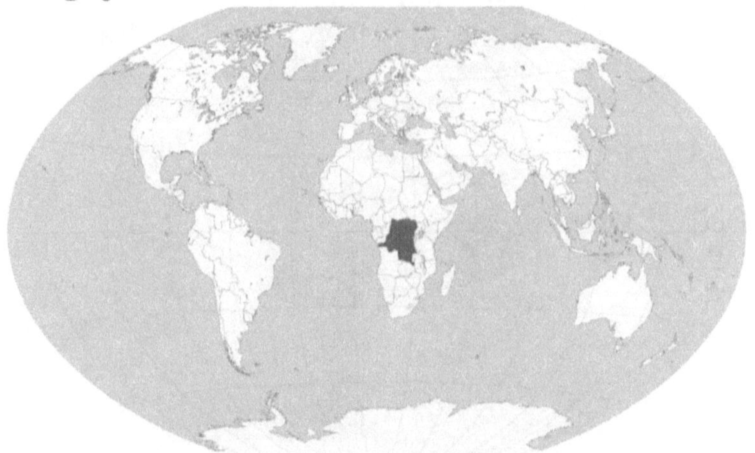

Demokratiska Republiken Kongos Administrativa Karta, 1960

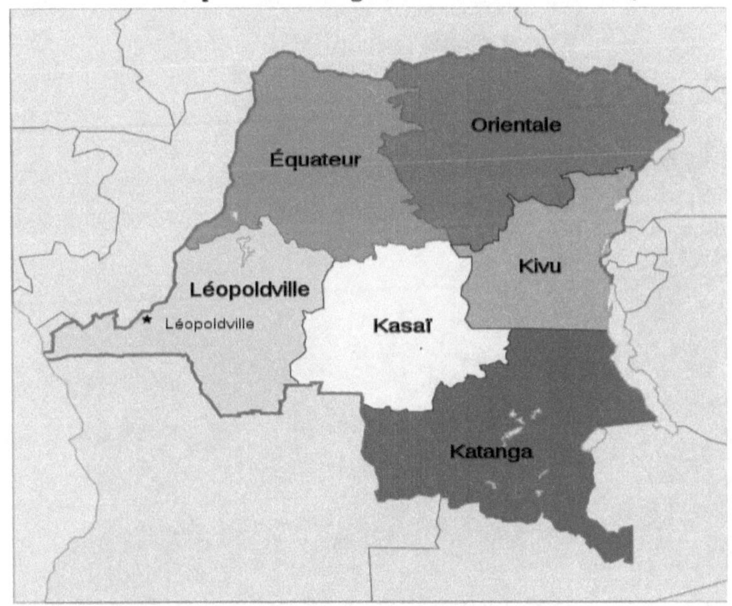

Demokratiska Republiken Kongos Administrativa Karta, 2019

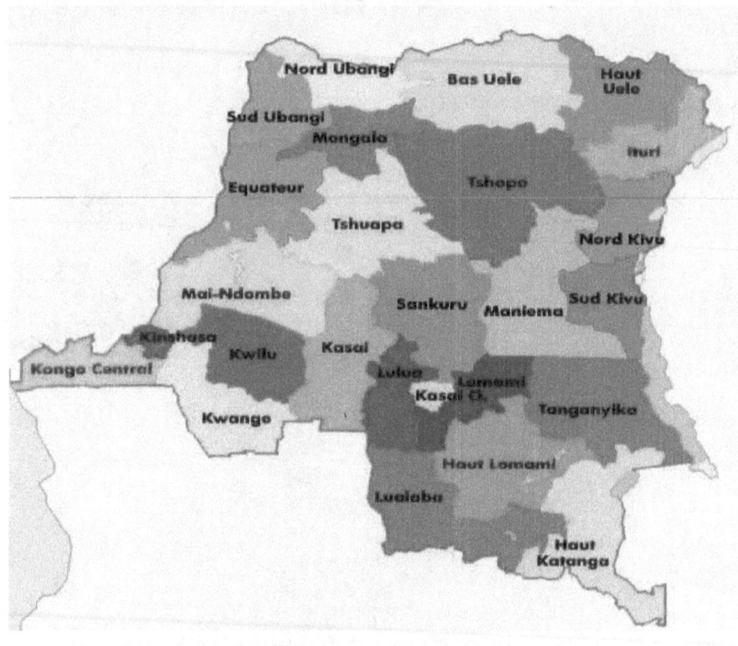

Democracy in Africa

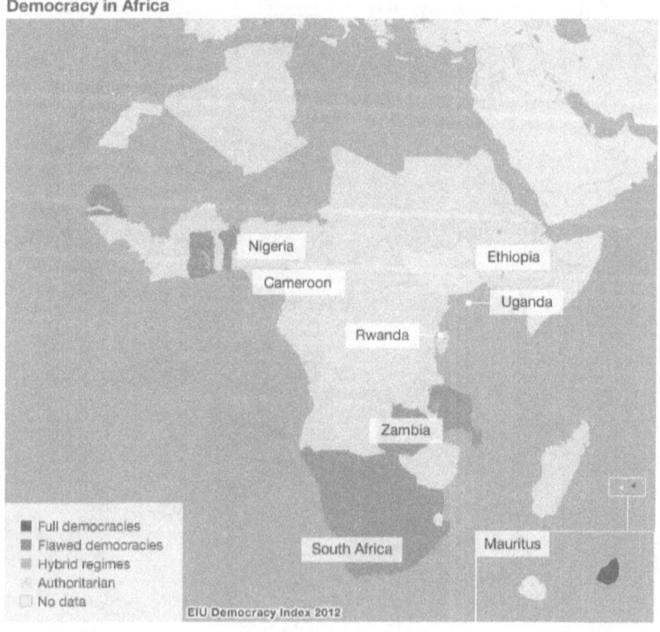

Karta över Afrika

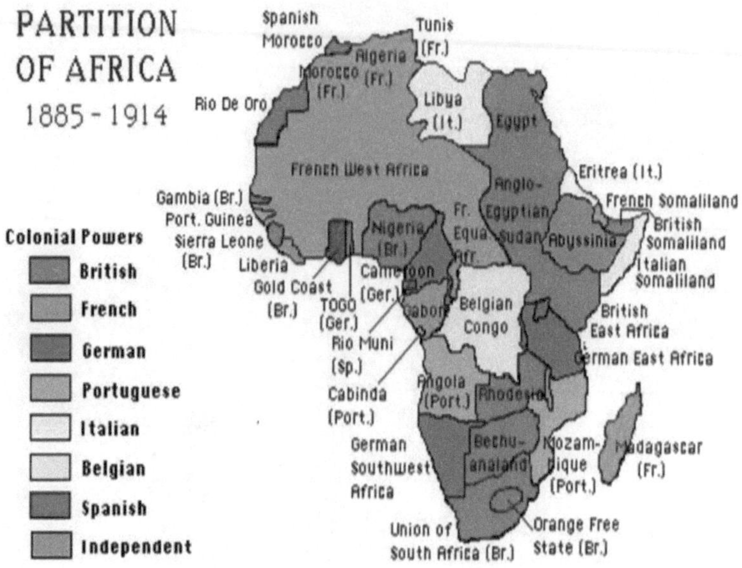

PARTITION
OF AFRICA
1885 - 1914
Colonial Powers
British
French
German
Portuguese
Italian
Belgian
Spanish
Independent
Spanish Morocco
Tunis (Fr.)
Algeria (Fr.)
Morocco (Fr.)
Rio De Oro
Libya (It.)
Egypt
French West Africa
Eritrea (It.)
Gambia (Br.)
Anglo-Egyptian Sudan
French Somaliland
Port. Guinea
Sierra Leone (Br.)
Fr. Equa. Afr.
Abyssinia
British Somaliland
Nigeria (Br.)
Italian Somaliland
Liberia
Cameroon (Ger.)
Gold Coast (Br.)
Gabon
Belgian Congo
British East Africa
TOGO (Ger.)
German East Africa
Rio Muni (Sp.)
Cabinda (Port.)
Angola (Port.)
Rhodesia
German Southwest Africa
Bechuanaland
Mozambique (Port.)
Madagascar (Fr.)
Union of South Africa (Br.)
Orange Free State (Br.)

Införandet

I min sökning efter svaret på varför vissa geopolitiska flampunkter existerar i världen, i min undersökning att veta orsakerna till att vissa länder och världen i allmänhet upplevde plötsliga och dramatiska förändringar som ledde till krig, instabilitet eller en nyorientering av deras inhemska och utrikespolitik som inte bara påverkade dessa länder utan också påverkar vissa regioner eller hela världen, jag utforskade politiska mord under de senaste tiotals decennierna som förändrade vår värld. Med vår värld menar jag våra samhällen, länder, regioner och mänskligheten som helhet.

När jag behandlade de olika lönnmord som ägde rum genom åren använde jag ett tillvägagångssätt som kännetecknades av politisk sociologi, där jag kortfattat analyserade de historiska och sociala faktorer som inte bara ledde till morden utan också som uppstod genom att dessa historiska personer dödades. Och utifrån dessa faktorer får vi en idé eller bilder på hur samhället påverkas har utvecklats sedan de traumatiska händelserna.

Från motreaktionerna som följde efter mordet på historiska, legendariska eller ikoniska figurer kan vi lära oss något användbart och komma med scenarier eller vad vi kan förvänta oss som katastrofer om vissa ledare mördas, och så agera i enlighet med detta för att förhindra deras lönnmord.

Kapitel Ett

Patrice Lumumba

"Syrien är illa nog, det är en ganska hemsk grymhet. Men det finns mycket värre i världen. Så till exempel har de värsta grymheterna under det senaste decenniet varit i Kongo, Östra Kongo, där kanske 5 miljoner människor har dödats."
Noam Chomsky — 8 oktober 2013

Patrice Lumumba

Patrice Lumumba strax före sin död

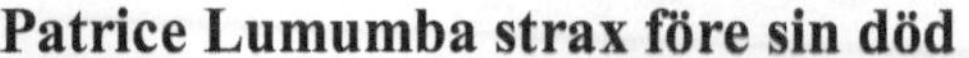

Mordet på Patrice Lumumba, den första demokratiskt valda premiärministern i det som idag är Demokratiska republiken Kongo (DRC) den 17 januari 1961, betraktas av många afrikaner som "det viktigaste mordet under 1900-talet" eftersom det inte bara förstörde landet, men det polariserade, och förlamade Afrika, vilket resulterade i en splittring som kontinenten ännu inte har återhämtat sig från. Detta avskyvärda brott var en kulminering av två inbördes mordplaner av element inom de amerikanska och belgiska regeringarna som använde Kongolesiska medhjälpare och en belgisk avrättningsgrupp för att dräpa ledaren för denna nyfödda nation i hjärtat av Afrika som precis fått sitt oberoende från Belgien den 30 juni 1960.

Historiker, sociologer och geopolitiska kunniga är alla överens om att Kongo är det mest traumatiserade landet i Afrika och världen, och att av alla de grymheter som Kongo upplevde i sin missbrukade historia var Patrice Lumumbas mord den enda grymmaste handling. Faktum är att det med rätta betraktas som landets originalsynd.

Mordet ägde rum mindre än sju månader efter självständigheten av detta territorium som upptar 7. 7% av Afrikas landmassa. Det fräcka brottet förvandlades till en stötesten för förhoppningarna om att genomföra de höga idealen för Kongolesisk nationell enhet, materiellt välstånd, demokrati, ekonomisk oberoende, frihet och panafrikansk solidaritet som Lumumba hade förkämpe. Det som inte särskilt kan förbises är det faktum att hans mördande tjänade som ett krossande slag mot förhoppningar, drömmar och ambitioner från miljoner Kongoleser, och det desillusionerade ett ännu större antal afrikaner över hela kontinenten.

Det faktum att ett av Sovjetunionens största universitet - Ryska folkets vänskapsuniversitet - som grundades den 5 februari 1960, fick sitt namn "The Patrice Lumumba University" den 22 februari 1961, och det faktum att denna institution av högre lärandet fortsatte att utbilda nära hundra tusen utlänningar, de flesta av dem afrikaner, lyfter fram den historiska betydelsen av den unga afrikans död för Afrika och resten av världen under det kalla kriget.

Som det visar sig ligger attentatets historiska betydelse i en mängd faktorer, av vilka de mest relevanta vid den tiden baserades på:

- det globala sammanhang där det ägde rum (president Eisenhower godkände mordet och CIA utförde hans bortförande och överföring; FN, dess generalsekreterare Dag Hammarskjöld, Sovjetunionen och brittiska M16 var inblandade i tragedin; och belgarna riktade hans mördande och mordet på hans två medarbetare, sedan skulle de bli av med kropparna senare genom att gräva upp dem och lösa upp dem i svavelsyra och sedan slipa och sprida benen)
- dess inverkan på Kongolesisk politik sedan dess
- och Lumumbas övergripande arv som en medborgarnationalistisk ledare och panafrikanska ikon. Han arbetade trots allt med Félix Moumié, den kamerunska befrielserörelsens ledare som den franska säkerhetstjänsten (SDECE) förgiftade i Genève, Schweiz den 3 november 1960.

Kapitel Två

En fråga som har förekommit inom det geopolitiska området är denna:

Varför blev USA, Storbritannien, Frankrike och Belgien involverade i mordet på Kongos första demokratiskt valda ledare?

Allt började i april 1884, sju månader före Berlins kongress, då Amerikas förenta stater blev det första landet i världen som erkände den belgiska kung Leopold II: s anspråk på Kongo-bassängens territorier. Dessa territorier blev kända som Kongofristaten. Kung Leopold II härskade det som sin privata egendom och använde en liten kadre av vita administratörer som hämtades från hela Europa.

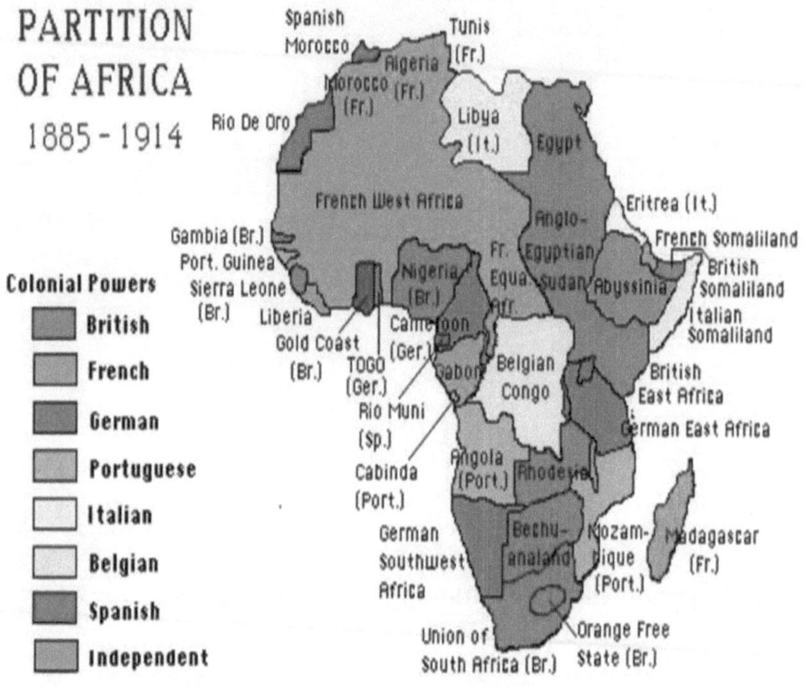

Kongofristaten gjorde kung Leopold II till en av de rikaste monarkerna i världen, en överdriven prestation, med tanke på att han var kungen i Belgien, som var ett så litet land i närheten av mäktiga geopolitiska enheter som britterna, tyska, Ryska och österrikisk-ungerska imperierna. Men den belgiska kungens rikedom samlades till en enorm kostnad för den infödda afrikanska befolkningen då folket tvingades tillhandahålla obetalt arbete som inte skilde sig från slaveri, i exploateringen av landets mineral-, skog- och jordbruksresurser för den belgiska monarken. Men när grymheterna relaterade till det brutala ekonomiska utnyttjandet i King Leopolds Kongo-fristat resulterade i miljontals dödsfall gick USA med i andra världsmakter och tvingade den belgiska staten att ta över Kongofristaten som en vanlig koloni och stoppa mordet och stoppa dödandet och lemlästandet av den infödda Kongolesiska befolkningen – ett folkmord i sig.

Det var först efter att Kongo förvandlades till en vanlig koloni som Förenta staterna förvärvade en strategisk andel i territoriets enorma naturliga rikedom. Faktum är att USA använde uran från Kongolesiska gruvor för att tillverka de första atomvapen som användes i de japanska städerna Hiroshima och Nagasaki, vilket ledde till ett plötsligt slut på andra världskriget i Stilla havet.

Den strategiska betydelsen av resursrika Kongo i synnerhet och resursrika Afrika i allmänhet, särskilt när det gäller att hjälpa de allierade att vinna andra världskriget, blev en förbannelse efteråt när kontinenten sökte självständighet från sina koloniala herrar. Detta var i en tid då det kalla kriget dominerade geopolitiken. Amerika och dess allierade i väst bestämde sig för att ge kolonierna självständighet, men inte den typ av självständighet som resten av världen kände till. Västmakterna var inte beredda att låta folket i de afrikanska kolonierna ha effektiv kontroll över de strategiska råvarorna i sina territorier, av rädsla för att dessa tillgångar skulle kunna falla i händerna på länderna i det sovjetiska eller kommunistiska lägret. Det var därför västerländska intressen uppfattade ett hot i Patrice Lumumbas beslutsamhet att uppnå verklig självständighet för Kongo och att få full kontroll över landets resurser för att utveckla spädbarnsnationen och förbättra levnadsvillkoren för det Kongolesiska folket.

Centralafrikanska regionens naturresurser

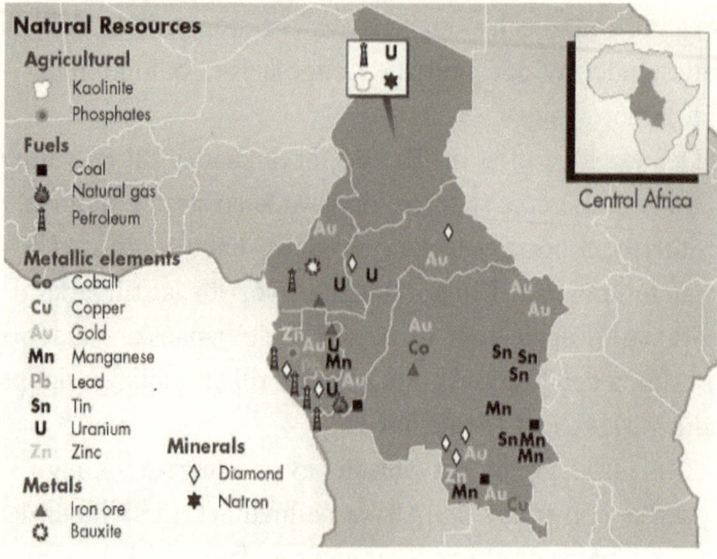

För att stoppa Patrice Lumumba lämnade USA och Belgien ingen sten orörd, inklusive användningen av FN:s sekretariat under Dag Hammarskjöld och Ralph Bunche, köp av stöd av Lumumbas Kongolesiska rivaler, tystande av vissa afrikanska ledare som hade stött Lumumba och det panafrikanska målet han delade, och inköp av tjänster av mördare att hyra (legosoldater) för att eliminera hindret för deras smidiga kontroll av Kongo, ett land som de avsåg att vara inget annat än en kvasi oberoende stat som är underordnad västerländska ledare, västländerna och västerländska intressen.

Kolonisering av Afrika och datum för självständighet

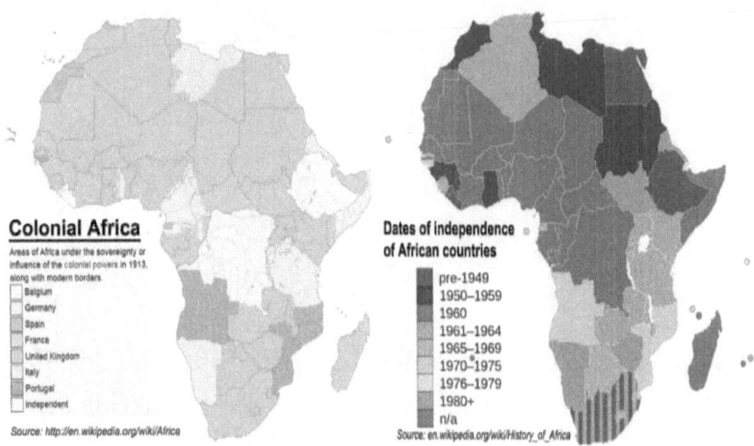

Colonial Africa
Areas of Africa under the sovereignty or
influence of the colonial powers in 1913,
along with modern borders.
Belgium
Germany
Spain
France
United Kingdom
Italy
Portugal
Independent
Source: http://en.wikipedia.org/wiki/Africa
Dates of independence
of African countries
pre-1949
1950–1959
1960
1961–1964
1965–1969
1970–1975
1976–1979
1980+
n/a
Source: en.wikipedia.org/wiki/History_of_Africa

Kapitel Tre

Direkt efter att ha beviljat Självständighet till Kongo den 30 juni 1960, gick Belgien och dess allierade i väst omkring och undergrävde spädbarnsnationens stabilitet genom att uppmuntra en våldsam opposition mot Lumumbas regering, med hjälp av väststödda Kongolesiska politiker. Faktum är att Kongo i december 1960 i själva verket var under fyra separata regeringar, varav tre var under tummen av de anti-Lumumba-fraktioner som stöddes av västmakter. Dessa var:

- centralregeringen i den Kongolesiska huvudstaden Léopoldville (Kinshasa)
- en rivaliserande centralregering som upprättas av Lumumbas anhängare i Stanleyville (Kisangani)
- en separatistisk regim i den mineralrika provinsen Katanga under ledning av Moise Tshombe
- och en annan separatistisk administration i södra Kasaiprovinsen under ledning av Albert Kalonji.

Med Lumumba likviderat ett halvt år efter beviljandet av självständighet till Kongo, med ledde avlägsnandet av vad de västerländska geopolitiska aktörerna uppfattade som det största hotet mot deras intressen i det nya landet, Belgien, Storbritannien, Frankrike och USA internationella ansträngningar för att sprida den moderata och västvänliga regimens auktoritet i Kinshasa över hela Kongo. Det var en tvådelad strategi som omfattade användningen av den nya västskapade Kongolesiska armén under befäl av den väststödda regimen Mobutu Sese Seko och användningen av FN:s fredsbevarande styrkor. Strategin var så effektiv att det Lumumbistiska fästet i östra delen av landet centrerat kring Kisangani föll i augusti 1961. Södra Kasai-regionen kapitulerade i september 1962, och Katangaregionens avskiljande vändes i januari 1963.

Krisen i Kongo 1960–1961

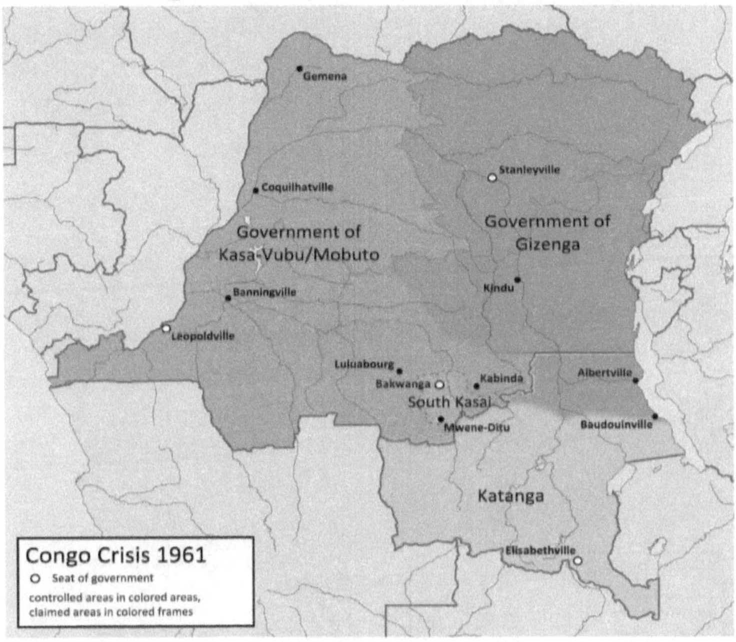

Efter att ha förstört det nyligen självständiga Kongo för att underminera Lumumba, efter att ha mördat Lumumba och installerat en marionettregering och sedan regisserat den i att förena och stabilisera landet igen, blev västmakterna förvånade när en radikal social rörelse för en "andra självständighet" uppstod och utmanade den neokoloniala staten och dess västvänliga ledarskap. Det var en massrörelse av arbetare, lägre tjänstemän, stadsarbetslösa, bönder och studenter. De fick ledarskap av Lumumbas löjtnanter, varav de flesta hade samlats i den tidigare franska Kongolesiska huvudstaden Brazzaville, över Kongofloden från den tidigare belgiska Kongolesiska huvudstaden Kinshasa.

Simbaupproret 1964

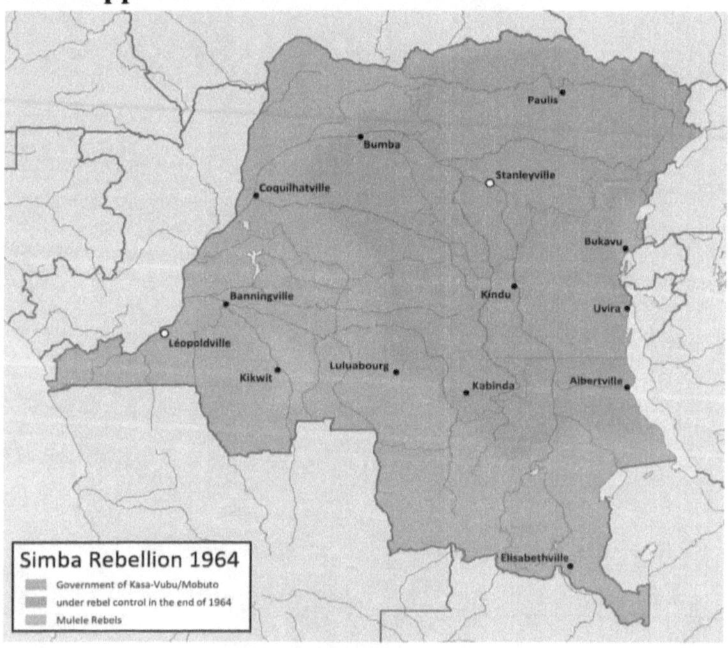

I oktober 1963 inrättade dessa Lumumbister ett Nationell Befrielsesrådet (*CNL— National Liberation Council*) med ett uppdrag att avlägsna Mobutu-regimen och skapa ett Nytt

Kongo. De togs på allvar till den punkt där Sovjetunionen gav dem militärt stöd. Några av de få överlevande panafrikanistiska regeringarna på kontinenten gav också stöd. Till och med Ernesto Che Guevara, den argentinska revolutionära ikonen och nästkommande rände för Fidel Castro på Kuba, inrättade en bas i Kongo för att hjälpa dessa Lumumbister och antineokonialister. Faktum är att när Che Guevara skrev 1964 att:

"Vi måste gå framåt och outtröttligt slå ut mot imperialismen. Från hela världen måste vi dra lärdom av vilka evenemang som har råd. Mordet på Lumumba borde vara en läxa för oss alla..."

Han började odödliggörelse av Patrice Lumumba efter att ha misslyckats i sin Kongoexpedition för att galvanisera Lumumbister mot den västerländska marionett regimen av Mobutu Sese Seko som inte bara utarmade Kongo under sitt tre och ett halvt decennium, utan som också blev rikare än det land han misskötte.

Kapitel Fyra

På alla världsdelar i dag finns gator, parker, torg, flygplatser, statyer och andra infrastrukturer i överflöd som bär namnet Lumumba för att hedra en altruist, en man som omfamnade en mer avancerad form av medborgarnationalism kallad union-nationalism, som motsatte sig uppdelningen av sitt land efter etniska eller regionala linjer, och som stödde panafrikanism och befrielsen av alla koloniala territorier, inte bara i Afrika utan också i resten av världen.

Patrice Lumumbas arv fortsätter att tjäna som inspiration i Kongolesisk politik idag, när dussintals politiska partier förkunnar sin tro på hans idéer om "Positiv neutralism", som förespråkar en återgång till afrikanska värden och som förkastar all importerad ideologi, inklusive ideologin från Sovjetunionen:

"Vi är inte kommunister eller katoliker. Vi är

afrikanska nationalister," sa Patrice Lumumba en gång.

Panafrikanister (de som drömmer om en framtida afrikansk ekonomisk union med ett integrerat politiskt system och militär struktur) värnar om Lumumba-arvet och placerar honom tillsammans med Kwame Nkrumah av Ghana, Sekou Touré av Guinea, Julius Nyerere av Tanzania och ledarna för historiskt UPC-parti av Kamerun — som likviderades under sin kamp mot fransk kolonialism och neokolonialism som ledde till landets enighet och självständighet — som ikonerna för Afrikas självständighetskamptid som sådd frön för Afrikanska unionen, som ännu inte har förverkligats.

Den 31 maj 1997 kom en Lumumbist till makten efter att ha ledt ett fullskaligt uppror mot den sjukta Mobutu-styrelsen under flaggan från Alliansen av demokratiska styrkor för befrielsen av Kongo-Zaire (ADFL) och med stöd från Rwanda, Uganda och Burundi, och därmed markera slutet på första Kongokriget i en bedrift som tog ADFL bara ett halvt år att svepa över landet, ett territorium som är något mer än hälften av Europeiska unionens storlek. Laurent-Désiré Kabila, som Mobutos nemesis eller nye president kallades, gjorde ett kraftfullt uttalande när han bytte namn på landet från Zaire till Demokratiska republiken Kongo, vilket är hur den centralafrikanska nationen var känd från 1964–1971.

Laurent-Désiré Kabila dök inte upp i den politiska scenen oväntat. I själva verket hade han fram till 1965 framstått som den mest framstående av den sena Patrice Lumumbas löjtnanter efter Kongo-krisen i början av 1960-talet och upproret mot Mobutu Sese Sekou som följde den. Han erkändes till och med av Che Guevara under sin Kongo-expedition, även om den argentinska revolutionären tyckte att hans Kongolesiska motsvarighet var för distraherad vid den tiden och slutsatsen att han "Inte var Timens Man".

Även om Laurent Kabilas tidigare allierade (Rwanda, Uganda och Burundi) skulle vända sig mot honom ett år senare och stödja ett nytt uppror mot hans styre under flaggan för Rally för Kongolesisk Demokrati (*RCD — Rassemblement Congolais pour la Démocratie*), och därmed starta det andra Kongokriget som såg honom förlora kontrollen över östraKongo, Lumumba arvet segrade när han höll fast vid södra och västra delen av landet med hjälp från Angola, Namibia och Zimbabwe. Laurent Kabila skulle skjutas och dödas av sin vakt den 1 januari 2001, ett och ett halvt år efter tillbakadragandet av alla utländska trupper från landet. Lumumba-arvet övergavs dock aldrig, eftersom hans son Joseph Kabila efterträdde honom och regerade fram till den 25 januari 2019, då Félix Tshisekedi blev ny president efter sin valseger året innan. Kabila-teamet och den nya presidentens team klubbade ut en fungerande allians i början av 2019, Resultatet av detta är ett avtal om kabinettsdelning mellan den Kabila-allierade Gemensam front för Kongo (*FCC — Front Commun pour le Congo*) och Tshisekedis CACH (På väg mot Förändring) allians, som har säkerställt en fortsättning av makten för de krafter som erkänner Patrice Lumumbas positiva roll i Kongoles historia, även om de inte lever upp till de standarder som han upprätthöll.

Den tragiska förlusten av Patrice Lumumba uttrycktes bäst av Noam Chomsky under en intervju den 11 september 2013 med den kända icke-etablerade sändningsjournalisten, syndikerade spaltist, utredningsreporter och författare Amy Goodman vars utredningsuppdrag förde henne till platser som Nigeria och Östtimor. Han sa at:

"Mordet på Lumumba, där USA var inblandat, i Kongo förstörde Afrikas stora hopp om utveckling. Kongo är nu total skräckhistoria, flera år,"

Nu, respekteras professor Noam Chomsky, som av många anses vara den största intellektuella som finns, också som en stor amerikansk historiker, lingvist, filosof, politisk aktivist, kognitiv forskare och samhällskritiker vars behärskning av analytisk filosofi är avundsvärd. Så när han fortsätter att återvända till Kongo för att lyfta fram landets situation som ett offer för slaveri, kolonialism, neokolonialism, det kalla kriget, imperialismen och även för globalismen, får vi förstå varför vissa experter ser den geopolitiska enheten som Afrikas strangulerade hjärta vars resurser verkar vara en förbannelse än en välsignelse. När han påpekade för sin publik att:

"Huvudmineralet i din mobiltelefon, coltan [en svart metallisk malm], kommer från östra Kongo. Multinationella företag är där och utnyttjar regionens mycket rika mineraltillgångar. Många av dem stöder miliser som kämpar mot varandra för att få kontroll över resurserna eller en del av resurserna."

Han underströk anledningen till att detta land som upptar det mesta av det utrymme som är mellersta eller centrala Afrika är lekplatsen för de utländska styrkor som i Afrika och dess rika resurser inte ser något annat än byte som kan plundras till liten eller ingen kostnad genom att eliminera dem som stöder försvaret av landets och folkets intressen och sedan ersätta dem med kompradorer som skulle arbeta för utländska intressen och deras egna intressen istället , mot deras länders och människors intresse.

Det är knappt för tre decennier sedan att Zaire (Kongo-Kinshasa) och Kamerun hade rykte att vara de enda två länderna i Afrika där de som offrade för sin befrielse eller självständighet aldrig hade regerat. Så det faktum att det Kongolesiska folket i det tidigare belgiska Kongo lyckades övervinna sina ledare med den onda inställning som infördes av utländska makter för att tjäna dessa främmande makters intressen mot det Kongolesiska folkets välfärd, berättar för oss att landet har kommit långt på den svåra resan för att vända slaveriets, kolonialismens, neokolonialismens och imperialismens härjande. Detta lämnar Kamerun som det enda landet i Afrika med en oavslutad befrielse som riskerar att riva det hemsökta landet isär, såvida inte medborgar-nationalisterna i Kamerun agerar i rätt tid för att avveckla det franska införda systemet, att regimen för Paul Biya hanterar, i vad som är allmänt ansett betraktas som degenerering av denna geopolitiska enhet som kallas Afrikas mikrokosmos.

Demokratiindex: Afrika och världen

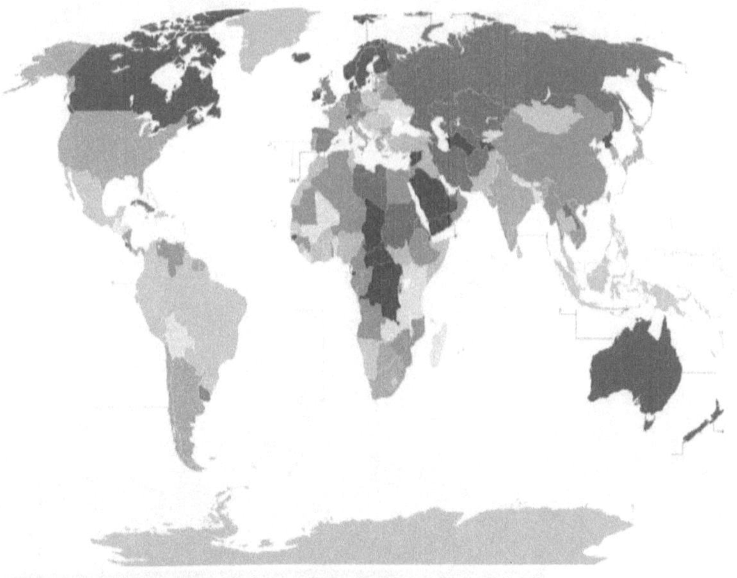

Fullständiga Demokratier 9.01–10 8.01–9
Felaktig Demokratier 7,01–8 6,01–7
Hybridregimer 5,01–6 4,01–5
Auktoritära Regimer 3.01–4 2.01–3 0–2

Afrikanska länder

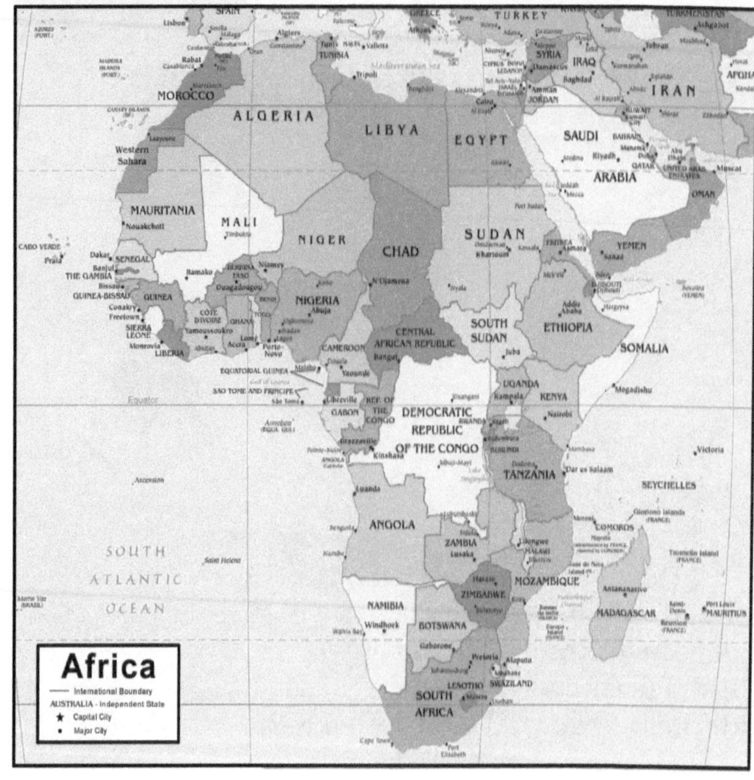

www.ingramcontent.com/pod-product-compliance
Lightning Source LLC
Chambersburg PA
CBHW031432250726
48656CB00002B/954